Les éditions de la courte échelle inc.

Raymond Plante

Écrivain et scénariste, Raymond Plante écrit énormément, et surtout pour les jeunes. Auteur d'une trentaine de livres jeunesse, il a aussi participé à l'écriture de nombreuses émissions de télévision. Il a d'ailleurs été récompensé à plusieurs reprises pour ses oeuvres littéraires. Il a reçu, entre autres, le prix de l'ACELF 1988 pour *Le roi de rien*, publié dans la collection Roman Jeunesse. En 1986, on lui a remis le prix du Conseil des Arts et, en 1988, le prix des Livromaniaques pour *Le dernier des raisins*. Quant à son roman *L'étoile a pleuré rouge*, il lui a permis de remporter le Prix 12/17 Brive/Montréal du livre pour adolescents 1994 et le prix du livre M. Christie en 1995.

Auteur prolifique et amoureux des mots, Raymond Plante enseigne la littérature et donne fréquemment des conférences et des ateliers d'écriture.

Jules Prud'homme

Ses amis disent de Jules Prud'homme que c'est un homme charmant... rempli de contradictions. Il adore l'opéra, mais il est guitariste de blues, il boit trop de café même s'il le supporte mal, il caresse les chats et pourtant il y est allergique. Bref, il adore toucher à tout et faire de nouvelles expériences. Dans son travail, c'est la même chose. Ses activités oscillent entre l'illustration et la direction artistique. Il fait aussi de la conception pour des films d'animation et réalise des génériques animés pour plusieurs chaînes de télévision pour enfants.

Du même auteur, à la courte échelle

Collection Albums

Série Il était une fois...
Un monsieur nommé Piquet qui adorait les animaux

Collection Premier Roman
Véloville

Série Marilou Polaire
Les manigances de Marilou Polaire
Le grand rôle de Marilou Polaire
Le long nez de Marilou Polaire
Marilou Polaire et l'iguane des neiges
Marilou Polaire crie au loup

Collection Roman Jeunesse
Le roi de rien
Caméra, cinéma, tralala
Attention, les murs ont des oreilles

Collection Roman+
Élisa de noir et de feu

Raymond Plante

LA FIÈVRE DU MÉKONG

Illustrations
de Jules Prud'homme

la courte échelle
Les éditions de la courte échelle inc.

Les éditions de la courte échelle inc.
5243, boul. Saint-Laurent
Montréal (Québec) H2T 1S4

Conception graphique:
Derome design inc.

Révision des textes:
Andrée Laprise

Dépôt légal, 1er trimestre 2000
Bibliothèque nationale du Québec

La courte échelle bénéficie de l'aide du ministère du Patrimoine canadien dans le cadre de son programme d'Aide au développement de l'industrie de l'édition. La courte échelle est aussi inscrite au programme de subvention globale du Conseil des Arts du Canada et bénéficie de l'appui du gouvernement du Québec par l'intermédiaire de la SODEC.

Données de catalogage avant publication (Canada)

Plante, Raymond

La fièvre du Mékong

(Roman Jeunesse; RJ90)

ISBN: 2-89021-407-9

I. Prud'homme, Jules. II. Titre. III. Collection.

PS8581.L33F53 2000 jC843'.54 C99-941605-7
PS9581.L33F53 2000
PZ23.P52Fi 2000

Je dédie cette histoire à l'équipe du Shanghaï, le restaurant chinois que je fréquente. Je remercie plus particulièrement la chaleureuse Luba et Weng Xiao Sen, qui m'ont aidé à trouver les noms de mes personnages. Il y a des jours où l'appétit et le goût des livres se rejoignent à la même enseigne.

Chapitre I
Le lunatique Julien Roy

— Julien, la lune! You hou!

Au milieu de la ruelle, Philippe Dubuc s'égosille en agitant sa raquette de tennis. Il gesticule comme ces signaleurs qui, sur les pistes des aéroports, dirigent les avions qui viennent d'atterrir.

— Je ne suis pas dans la lune, se défend Julien Roy.

— J'ai frappé la balle vers toi et tu n'as pas réagi, reprend le costaud. C'est pas ma faute si elle a abouti dans la cour du Chinois.

Les jumeaux Bienvenue, Éric et Patrick qui ne se ressemblent pas du tout, approuvent leur chef.

— Tu vis dans la lune, poursuit Éric.

— Tu nages dans la mer de la Tranquillité, renchérit Patrick, heureux de montrer ses connaissances en géographie lunaire.

Ils n'ont pas tout à fait tort. Souvent,

Julien Roy flotte entre deux rêves. Il devient le roi de la Lune, lui qui se plaît à répéter que, contrairement aux autres membres de sa famille, il n'est le roi de rien.

Par exemple, lundi dernier, Philippe avait averti tous ses amis:

— Le Cirque de la Lune est en ville. Si vous voulez assister au spectacle de vendredi soir, donnez-moi votre argent demain, ma mère ira acheter les billets.

Mardi, Julien a oublié ses sous. Le soir, quand son père a voulu se procurer des billets, le Cirque affichait complet. Pour cette raison, demain vendredi, Philippe, Éric et Patrick iront au cirque, et pas Julien.

— Tu vas la récupérer, cette balle?

Au tennis, Philippe Dubuc n'est pas très habile. Et surtout impatient. Lorsqu'il rate deux coups d'affilée, il se met à taper de toutes ses forces. La pauvre balle rebondit n'importe où. Personne ne peut la rattraper. Et quand elle disparaît dans la cour d'un voisin, il cherche un coupable. Ce n'est jamais sa faute.

— Grimpe par-dessus la clôture, Julien.

Les clôtures sont les ennemies de Philippe Dubuc. Chaque fois qu'il en escalade une, il déchire le fond de sa culotte. Par chance, elles ne gênent pas Julien. Ce curieux aime même visiter les cours qu'il ne connaît pas.

Éric Bienvenue lui fait la courte échelle.

Un petit élan... et hop! Julien se retrouve à cheval sur la haute clôture de bois.

De là, il domine un jardin. Une petite cour fourmillante de plantes de toutes sortes. Pas facile de repérer une balle de tennis dans cette espèce de jungle.

Julien met pied à terre. Il avance comme s'il pénétrait dans un nouveau monde où se cacheraient des petits êtres. Il soulève lentement de grandes feuilles, puis se redresse. Là, tout près de la fenêtre aux volets fermés, il aperçoit la balle jaune. Il s'approche, la prend et...

Non, il ne rêve pas. Il entend un gémissement. Semblable à la plainte d'un enfant, d'une petite fille qui souffre... ou qui délire... ou qui chantonne pour combattre sa douleur... Comment savoir?

La balle au poing, le garçon reste figé. Derrière les volets, à peine plus fortement que la plainte, deux voix chuchotent. La voix rauque d'un vieillard. Puis celle d'une jeune fille, légèrement cristalline. Julien aimerait comprendre ce qu'elles se racontent. Il ne peut pas. C'est du chinois. Le garçon se rappelle que Philippe a révélé que c'était la cour d'un Chinois.

Les deux voix tentent-elles de consoler la personne qui gémit? Quel drame se joue derrière ces volets?

— Qu'est-ce que tu fiches, Julien Roy? hurle Philippe Dubuc en frappant de sa raquette contre la clôture. L'as-tu, ma balle?

Julien sursaute. S'il crie à son tour, les gens de la maison s'apercevront de sa présence. Et il s'en voudrait de déranger la personne qui souffre. À peine a-t-il fait demitour qu'il perçoit la voix cristalline. Plus forte. Cette fois, elle s'exprime en français.

— Reviens au soleil couchant, petit. Reviens ici, on t'attendra.

Est-ce à lui que cette phrase est destinée? Pourquoi l'invite-t-on? Il ne connaît pas les habitants de cette maison.

— Tu arrives, Julien?

Philippe Dubuc et les jumeaux Bienvenue s'impatientent.

Julien se glisse entre les plantes comme s'il craignait de les blesser. Il atteint la clôture et grimpe sur les traverses. À cheval sur le sommet, il jette un dernier regard vers les volets. Rien ne bouge.

Éberlué, il retourne dans la ruelle.

— Il était temps, répètent à tour de rôle Éric et Patrick Bienvenue.

— Suivez mon coup, promet Philippe en récupérant sa balle. Si elle se rend jusqu'à la Lune, tu iras la chercher, Julien l'astronaute.

Le costaud serre les dents, fait tournoyer sa raquette, projette la balle au-dessus de sa tête et... la rate complètement.

Chapitre II
Le crapaud qui parle

Julien s'arrête devant la haute clôture de bois. Le soleil descend tranquillement à l'horizon. Julien le devine plus qu'il ne le voit. La ruelle est tellement étroite derrière la maison de Philippe Dubuc.

Cet après-midi, pour l'aider à sauter le mur, Éric Bienvenue lui a fait la courte échelle. Maintenant, l'ingénieux garçon dresse une pyramide de poubelles qu'il escalade laborieusement. Il imagine le vacarme s'il fallait que son installation dégringole.

Il s'inquiète inutilement et atterrit dans la cour sombre sans problème. En se faufilant entre les plantes grasses et envahissantes, Julien atteint les volets. Ils sont toujours clos. Il tend l'oreille.

De l'intérieur de la maison provient une respiration sifflante. Quelqu'un dort d'un sommeil agité.

Julien hésite. Il n'a pas envie de frapper contre les volets.

— Tu as raison, petit.

Derrière lui, une voix caverneuse. Puis un froissement.

— Il ne faut pas troubler le sommeil des malades.

Le garçon se retourne, fouille la pénombre des yeux. Qui s'amuse à deviner chacune de ses pensées?

Parmi les différentes teintes de vert, une forme se définit peu à peu, de lents mouvements s'amorcent. Là, au milieu de la cour, ce qu'il avait pris pour une pierre moussue se met à bouger.

Il s'agit d'un crapaud de la taille d'un homme. Large, gigantesque, presque trop lourd pour se déplacer. Son corps entier se gonfle et tremblote chaque fois qu'il respire.

Julien est trop intrigué pour avoir peur.

— Je savais que tu viendrais, continue le batracien, en recouvrant ses yeux exorbités de deux paupières.

Julien hésite. Un crapaud parlant d'une telle dimension, ça n'existe pas. Si on lui joue un tour, il est énorme.

— C'est vous qui m'avez interpellé, cet

après-midi. Votre voix était douce... on aurait dit des clochettes.

Le crapaud géant ne confirme rien.

— Je savais que je pouvais compter sur un brave.

Julien ignore ce qu'il doit répondre. De toute manière, ce dernier ne lui laisse pas le loisir de parler.

— J'ai une mission pour toi. Je veux que tu te rendes au 4412, rue des Vents. Tu sais où se trouve la rue des Vents?

— C'est à deux pas, acquiesce Julien.

— Moi, je ne peux pas faire deux bonds par là, dit le crapaud. J'y suis trop connu. Tu te rends donc à cette adresse et tu demandes Wan Peng.

— Wan Peng?

— Exactement. Lorsqu'il sera devant toi, dis-lui ceci: «Les aiguilles doivent revivre et redonner vie.» Il comprendra. Mais ne parle qu'à Wan Peng.

Soudain, le garçon réfléchit tout haut.

— Et s'il veut savoir qui m'envoie?

Le crapaud hoche la tête. Puis, sa voix pleine de gargouillis reprend:

— S'il te pose la question, réponds que le crapaud du Mékong t'a confié cette mission.

Julien s'imagine que le batracien sourit.

— Penses-tu qu'il te croira?

— Pourquoi pas? souffle le garçon. Moi, je vous crois. Je souhaite que votre Wan Peng en fasse autant.

Visiblement satisfait de la détermination de son jeune associé, le crapaud géant s'incline.

— Il voudra probablement réfléchir. Dis-lui que tu retourneras le chercher demain matin.

— Je m'y rends tout de suite, répond Julien Roy.

Comme il s'apprête à escalader la clôture, le batracien murmure:

— C'est plus facile si tu ouvres la porte. Elle n'est jamais verrouillée.

Julien pourrait jurer que la large gueule du crapaud lui sourit. Il sort en ouvrant la porte comme n'importe qui aurait pu le faire.

Il n'a pas fait trois pas qu'il tombe nez à nez avec Philippe Dubuc. Le costaud traîne une grosse poubelle débordante.

— Julien Roy! Qu'est-ce que tu fais dans ma ruelle?

— Rien. Je flâne.

— La ruelle derrière chez toi est beaucoup plus jolie.

Comment Julien pourrait-il lui révéler qu'un crapaud géant lui a confié une mission? Philippe Dubuc ne le croirait jamais.

«Tu n'es pas seulement dans la lune, tu es complètement marteau», répéterait-il à qui voudrait l'entendre.

Chapitre III
Les étranges Chinois et le général Tao

La minuscule rue des Vents, avec ses maisons endormies, est un drôle d'endroit pour ouvrir un restaurant chinois. Pourtant, c'est dans cette artère de rien du tout que se cache le Lotus de Shanghaï. Au 4412, comme Julien le découvre avec surprise. Pourquoi le gros crapaud ne l'a-t-il pas averti qu'il s'agissait d'un restaurant?

Le garçon pousse la porte et pénètre dans la petite salle à manger. Quelques lanternes rouges n'arrivent pas à éclairer toutes les tables. Les rares clients mangent au son d'une musique chinoise aux notes aiguës.

Julien cligne des yeux pour les adapter à l'obscurité. Une jeune Chinoise portant une longue jupe noire et une blouse blanche l'accueille.

— Tu cherches quelqu'un?

— Oui, répond Julien avec aplomb. Connaissez-vous Wan Peng?

— Wan Peng, reprend la jeune dame. C'est un nom chinois.

Parcourant des yeux les quelques tables occupées de la salle, elle ajoute:

— Je ne vois malheureusement pas de clients chinois.

— Ce n'est peut-être pas un client, réplique Julien.

La dame sourit.

— Tu cherches une personne que tu ne connais pas?

Dans la tête du garçon, la confusion s'installe. Il ne peut pas révéler à cette hôtesse qu'il vient de la part d'un crapaud géant. Par contre, il est persuadé que si ce mystérieux crapaud affirme que Wan Peng est ici, il a raison.

Soudain, un serveur, chinois lui aussi, sort de la cuisine, les bras encombrés de plats chauds.

— Croyez-vous que Wan Peng travaille ici? questionne Julien, inspiré.

La jeune dame est gentille et très jolie. Elle ne se moque même pas de Julien en répondant:

— Je travaille ici, moi également. Le Lotus de Shanghaï appartient à mon frère. C'est lui qui sert là-bas. Si

Wan Peng était employé ici, je le connaîtrais.

Le patron-serveur s'approche d'eux. Il n'est pas très grand, mais il doit adorer la cuisine de son restaurant. Son ventre proéminent ne l'empêche pas de paraître agile et de marcher rapidement.

La jeune fille se tourne vers lui et lui souffle quelques phrases. Un court dialogue s'engage entre les deux. Puis, l'homme sourcille et retourne vers la cuisine en maugréant.

— Je prononce peut-être mal le nom, insiste le garçon.

— Tu prononces bien le nom, réplique l'hôtesse, moins souriante. Qui t'envoie?

S'il dit la vérité, Julien risque de passer pour un fou. S'il voulait mentir, il ne sait pas ce qu'il devrait inventer.

— Je... C'est... un secret, balbutie-t-il.

— Depuis deux jours, tu es la troisième personne qui vient ici en demandant Wan Peng. Je te prie donc d'avertir la personne qui t'a délégué qu'elle se trompe d'adresse.

Dans la petite fenêtre ovale des portes battantes apparaît la figure d'un autre Chinois, très maigre et à peine plus âgé que le

serveur. Quand Julien croise son regard, le visage disparaît rapidement.

— Vous êtes sûre...

— J'en suis certaine, tranche la Chinoise.

Désolé, le garçon s'apprête à partir.

— Je m'excuse de vous avoir dérangée.

Il se dirige vers la porte, mais le serveur revient.

— Un instant. Le cuisinier trouve que tu sembles déçu, petit. Attends quelques minutes, il a une surprise pour toi.

À l'invitation de la jeune dame, le garçon s'assoit à une table. Il aimerait en choisir une autre qui lui permettrait de voir ce qui se déroule dans la cuisine quand les portes s'ouvrent.

Quelques minutes plus tard, le patron reparaît, un sac de papier brun à la main.

— Voilà, déclare-t-il, c'est un cadeau de notre cuisinier. Je me joins à lui pour te dire: «Le général Tao te souhaite un bon appétit.»

Si Julien sort en les remerciant le plus chaleureusement qu'il le peut, au fond de lui, il se sent bien piteux.

* * *

— Merci, général Tao! répète Einstein, cramponné à son perchoir.

Les petits morceaux enrobés de sauce sont tellement délicieux que, ce soir-là, ils se font une armée d'admirateurs. Les Roy adorent les mets chinois.

Ce cadeau arrive d'ailleurs à point. D'habitude, Jean-Claude, le père de Julien, prépare le repas du soir. Aujourd'hui, il a dû s'absenter. Il rencontre un important client. Pour le meilleur vendeur des ordinateurs Orange, les clients sont toujours importants.

Lorsque Julien déballe son repas sur le coin de la table, son frère Stéphane termine son spaghetti. Il mange en vitesse. Presque aussi vite qu'il patine. Et Stéphane Roy est le meilleur patineur et l'as compteur des Lions de Saint-Bertrand. Il doit se rendre à l'aréna participer à une école de hockey. Même s'il a englouti un énorme plat de pâtes, il dévore le poulet des yeux.

— Tu me donnes un morceau?

— Il y en a pour un bataillon, répond Julien.

Sans plus attendre, Stéphane croque une bouchée.

— C'est le meilleur poulet du général Tao que j'ai mangé de ma vie.

— Merci, général Tao! reprend le perroquet.

La scène se répète une minute plus tard. Cette fois, c'est Catherine, la grande comédienne de la famille, qui mord à belles dents dans un morceau.

— Ce poulet du général Tao est aussi bon que le dernier film de Steven Spielberg.

Le plus grand compliment qu'elle puisse faire. Son amoureux, Vincent Langevin, goûte l'autre partie du morceau.

— J'aurais beau rouler à moto jusqu'à Pékin, Shanghaï ou Hong Kong, je ne mangerais jamais un meilleur poulet.

Vincent profite de l'occasion pour mouiller le cou de sa copine d'une foule de petits baisers fourmillants. Catherine, chatouillée, se met à rire. Ils partent ensuite sur la motocyclette pétaradante du roi des bécoteux.

Même Nicole, la mère de Julien, a quitté son snack-bar, la Reine du hot dog, pour quelques minutes. Elle jure qu'elle n'a jamais savouré un tel délice.

— Tu devrais inventer des hot dogs du général Tao.

— Bonne idée, acquiesce Nicole. Et toi, tu devrais me présenter le chef de ce restaurant.

«J'aimerais le rencontrer moi-même, pense Julien, il sait peut-être quelque chose au sujet de Wan Peng.»

Nicole s'empresse de retourner à son comptoir, où les camionneurs, les chauffeurs de taxi ventrus et les passants ordinaires considèrent ses hot dogs comme les meilleurs de la planète.

En vérité, tout le monde est d'accord. Ce poulet du général Tao est délicieux. Tout le monde, sauf Einstein. Il refuse de manger du poulet. Il est vrai que le poulet a une certaine parenté avec les perroquets.

— Une chance que le général Tao n'a pas décidé de cuisiner des perroquets, admet Julien.

Einstein, qui mâchouille le piment qu'il a accepté de son jeune maître, s'étouffe complètement. A-t-on idée de manger du perroquet?

— À mort le général Tao! couaque l'oiseau.

Julien apprécie tellement son repas qu'il oublie d'en laisser une petite portion pour Jean-Claude.

En guise de dessert, il trouve un biscuit chinois. Là, Einstein lui fait toute une histoire. L'oiseau adore les biscuits chinois. D'un mouvement vif, il réussit à piquer celui que Julien allait manger. Le perroquet écrase la pâte croquante dans son large bec. Le petit papier sur lequel est écrit un message tombe par terre.

— Gourmand, le semonce Julien. Tu aurais pu avaler mon message et me faire rater ma chance.

Le garçon lit la courte phrase.

«Tu cours un grave danger.»

Ce message est écrit à la main.

Julien réfléchit. Cette «chance» ressemble à un avertissement. Il se passe quelque chose de bizarre dans la cuisine du Lotus de Shanghaï.

Le garçon fronce les sourcils. Ce papier lui est personnellement destiné. Une telle menace pourrait effaroucher n'importe qui. Pas Julien Roy. Ce n'est pas qu'il soit plus brave que les autres. Il est plus curieux que qui que ce soit.

Le crapaud aura réponse à toutes ces énigmes, espère-t-il.

Chapitre IV
Coassements et gémissements

Le crapaud a dû se lever de la mauvaise patte. Il est de fort mauvaise humeur. Julien referme tout juste la porte de la cour derrière lui qu'il entend un coassement rauque.

— Comment oses-tu te présenter seul devant moi?

Julien grimace. Il croyait la bête plus avenante. Après tout, c'est lui qui lui rend service.

— Vos renseignements n'étaient pas bons, argumente le garçon.

— Mets-toi une chose dans la tête, réplique le gros pustuleux. Je ne confie jamais une mission sans être convaincu de mes renseignements.

— Il n'y a pas de Wan Peng dans le restaurant du 4412, de la rue des Vents. D'ailleurs, saviez-vous que c'était un restaurant? Qu'il s'appelle Le Lotus de Shanghaï? Que je n'étais pas le premier à y chercher Wan Peng?...

— ... Wan Peng est là, coupe le crapaud. Mais il ne veut pas qu'on le retrouve. Il se sauve. Il est en fuite. Il craint tout le monde.

— Et il est dangereux, conclut Julien.

Le batracien accuse le coup. Il s'attendait à tout, mais pas à cela.

— Comment, dangereux?

— Il m'a écrit que je cours un grave danger, réplique Julien en arborant son petit papier trouvé dans le biscuit chinois.

Le crapaud crache par terre, secoue la tête et tremble de colère.

— Si tu as peur, va-t'en! Oublie tout!

— Quand on me confie une mission, je vais jusqu'au bout, risque Julien.

— Tu n'as pas accompli la mission que je t'avais confiée.

— Je me suis rendu au Lotus de Shanghaï, se défend le garçon.

— Tu devais revenir, ce matin, avec Wan Peng.

— On m'a juré qu'il n'y avait pas d'homme de ce nom.

Le crapaud gonfle sa gorge. Julien Roy imagine que la bête lui soufflera sa mauvaise haleine en plein visage. Mais elle ferme ses trois paupières et se dégonfle lentement.

— Ne sois pas naïf, dit le crapaud considérablement adouci. Ne te fie jamais aux apparences. Si tu cherches Wan Peng et que l'on te répond qu'il n'est pas là, cela ne signifie pas que ce soit la vérité.

Soudain, des gémissements semblables aux lamentations d'un enfant qui s'éveille viennent perturber Julien.

Visiblement, cette plainte affecte le batracien géant qui regarde vers les volets clos. Julien retient son souffle, n'ose rien dire.

En tendant l'oreille, il reconnaît ensuite la voix éraillée du vieillard. Console-t-il l'enfant? Le garçon aimerait tant comprendre le chinois.

— Les apparences sont trompeuses, souffle le crapaud.

Il exécute deux sauts difficiles vers Julien avant de s'immobiliser.

— Ainsi, reprend l'animal, crois-tu que je sois un véritable crapaud?

— En tout cas, vous êtes drôlement gros.

— C'est mon coeur qui est gros. Il a envie de pleurer. En vérité, je ne suis qu'une pauvre bête démunie.

Ébranlé, Julien ne trouve pas les mots.

Le crapaud bondit encore. Ses sauts sont si légers, feutrés, qu'ils demeurent silencieux.

— Est-ce que je suis en danger? demande Julien.

— Je te l'ai dit: si tu as peur...

— Je reste, assure le garçon.

Le crapaud fouille de la patte entre les larges feuilles d'une plante. Il en sort une enveloppe.

— Ta mission est urgente, petit. Voici une lettre. Je l'ai rédigée parce que je me doutais que Wan Peng ne voudrait pas te parler. Ton nouveau défi est le suivant: glisse ce message où il se terre. Ce qu'il contient aura un pouvoir magique sur lui. C'est une question de vie ou de mort.

— J'y vais tout de suite.

Julien accepte le document et se dirige vers la porte de la cour. En se retournant, il entend les gémissements de l'enfant, la voix du vieillard.

Rêve-t-il lorsqu'il voit le crapaud chasser une ombre de tristesse et lui faire un clin d'oeil d'encouragement?

De retour dans la ruelle, Julien n'a pas fait trois pas qu'il entend les jumeaux Bienvenue.

— Hé!

Les deux acolytes le rejoignent en brandissant de lourdes épées qu'ils ont fabriquées avec des bâtons de hockey cassés.

— Qu'est-ce que tu fais là? questionne Éric.

— Rien. Et vous?

— On attend Philippe, rétorque Patrick.

— Veux-tu te battre à l'épée? enchaîne Éric.

— Je n'ai pas le temps.

— Tu es trop peureux! jugent les deux jumeaux, qui se mettent à échanger quelques coups l'un contre l'autre.

C'est alors que Philippe Dubuc sort de chez lui. Il a sa mine des mauvais jours.

— Oh! Oh! constate Éric. Ce n'est pas le moment de se battre avec lui.

— Il va briser nos épées, renchérit son frère.

Philippe s'approche.

— Ça va mal, les gars. À la radio, on a annoncé que le spectacle du cirque est annulé pour aujourd'hui. J'avais tellement hâte d'y aller.

Julien file en vitesse. Il a autre chose à faire que de consoler Philippe Dubuc.

Chapitre V
Écrire le chinois

Faut-il suivre à la lettre les plans d'un crapaud? Même s'il est triste et géant et que sa mission est urgente?

Julien ne se voit pas retourner tout bonnement au restaurant et insister. À leur manière, les gens du Lotus de Shanghaï l'ont averti. Il court un grave danger. Le message était clair, même s'il se cachait sous la forme d'un cadeau délicieux.

Alors pourquoi se jeter dans la gueule du loup en allant porter cette enveloppe? Julien mijote une meilleure idée.

Il entre chez lui et s'enferme dans sa chambre.

Sur sa table de travail, le garçon ouvre l'enveloppe. Elle n'était pas cachetée. Sur un grand carton, il entreprend de transcrire un à un les caractères chinois.

Pas facile. D'autant plus qu'il sait que la moindre erreur peut changer la signification du message. Surtout qu'il y a Einstein.

Ce perroquet est gâté. Sur son perchoir, il pleurniche, il tempête.

— On m'abandonne! Hou-ou-ou!

Il a l'air d'un hibou. Il fait un boucan de tous les diables. Julien en a plein les oreilles.

— Tu as gagné, gros perroquet pourri. Je viens travailler à côté de toi.

Le garçon transporte ses affaires sur la table de la cuisine.

Deux minutes plus tard, Catherine sort de sa chambre en grognant:

— C'est fini entre nous, cornichon! Ne me touche plus, ne m'embrasse plus et ne mets plus jamais les pieds dans ma maison.

Julien et Einstein restent pétrifiés, bouche bée.

— Pourquoi me fixez-vous avec des yeux en balles de golf? demande Catherine, un large sourire aux lèvres.

— Tu ne veux plus voir le roi des bécoteux! s'étonne Julien.

— C'est une scène que je répète. J'ai une audition, mardi prochain.

Catherine est flattée.

— Comme ça, je joue si bien que vous avez cru que c'était vrai.

Elle ébouriffe les cheveux de son frère.

— C'est parce que tu as mangé du poulet du général Tao que tu apprends le chinois?

— À vos ordres, mon général Tao! s'écrie Einstein avant que Julien ouvre la bouche.

Catherine salue le perroquet à la militaire et va rejoindre Vincent Langevin, le roi des bécoteux. Sa moto pétarade devant la porte.

Ensuite, Philippe Dubuc appelle.

— Qu'est-ce que tu fabriques, Julien?

— Je travaille.

— Moi, je suis obligé de faire le ménage de ma chambre. Une sorte de punition. Ma mère me reproche de n'être pas gentil avec mes amis.

— Elle a raison, conclut le roi de rien en raccrochant.

La moitié d'un caractère chinois plus tard, les jumeaux Bienvenue sonnent à la porte.

— Est-ce qu'on peut lire un livre de ta collection de BD?

Ils ont beau ne pas se ressembler, tous deux sont amochés de façon identique. Le chandail déchiré, l'épée cassée en trois morceaux et ils boitent de la même jambe.

— Philippe Dubuc a perdu la tête, soupire Éric.

— Je sais. Il doit faire le ménage de sa chambre.

— C'est dans sa tête qu'il devrait mettre de l'ordre, juge Patrick. Tout ça parce qu'on ne peut pas aller au cirque.

Julien a envie de les envoyer paître. Mais leur présence lui donne une idée. Éric et Patrick Bienvenue peuvent lui être fort utiles.

— Vous regardez mes BD si vous me rendez un service.

— Lequel?

— Je vous en parle tout à l'heure.

Pendant que les jumeaux Bienvenue promènent leur nez dans les aventures de Lucky Luke, Julien termine sa pancarte. Puis, reprenant l'enveloppe que lui a remise le crapaud, il l'adresse de la manière suivante:

«Monsieur Wan Peng
Restaurant Le Lotus de Shanghaï
4412, rue des Vents
Montréal (Québec) H3T 0T0»

Il colle ensuite un timbre au coin de l'enveloppe et, avec un peu d'encre, il fait comme si elle avait été oblitérée.

— Vous aimez les aventures? jette-t-il aux jumeaux.

— Surtout celles de Tintin, Lucky Luke, Spiderman et...

— ... Je vous propose d'en vivre une, fait Julien sans les laisser continuer. Je veux que cette lettre parvienne au Lotus de Shanghaï.

— Pourquoi? s'étonne Patrick.

— Pour les féliciter de faire du bon poulet du général Tao.

— À vos ordres, mon général! hurle Einstein.

— Tu veux qu'on aille la mettre à la poste? s'informe Éric.

— Trop long, dit Julien.

Son plan est simple. Tous les trois doivent se cacher, rue des Vents, et surveiller la venue du facteur. Lorsque ce dernier déposera le courrier dans la boîte du restaurant, il suffira qu'un des frères Bienvenue se presse d'y ajouter la lettre.

— Pourquoi tu ne le fais pas, toi?

— Je tiens à ce que ce message soit anonyme.

Les Bienvenue acceptent.

Trente minutes plus tard, cachés dans l'entrée d'une maison à logements, les garçons repèrent le facteur. Quand il dépose le courrier dans la boîte aux lettres du restaurant, Patrick traverse la rue en vitesse et y ajoute l'enveloppe de Julien.

Toujours blottis dans l'ombre, les trois acolytes patientent un peu. Ils aperçoivent la jeune Chinoise. Elle examine le courrier. Arrivée à la lettre adressée à Wan Peng, elle appelle le patron. Le ventru secoue la tête. Sans hésiter, il déchire la missive en petits morceaux.

— Ils n'ont pas pris le temps de la lire, remarque Éric.

Julien reste songeur.

— C'est dommage.

Mais cette intrigue n'intéresse pas les frères Bienvenue. Les deux garçons s'ennuient déjà de Philippe Dubuc. Malgré quelques accrochages, ils restent ses chiens de poche. C'est avec lui qu'ils s'amusent véritablement.

Au grand plaisir de Julien, ils retournent vers leur chef.

Chapitre VI
Les acrobaties du roi de rien

En revenant chez lui, Julien réfléchit. Plus il réfléchit, moins il comprend. Où peut bien se cacher Wan Peng?

Chose certaine, il a un lien avec le Lotus de Shanghaï. Le petit papier du biscuit chinois le prouve. S'il travaille au restaurant, il ne peut pas être la jeune hôtesse. Ni le patron ventru. Serait-il l'homme que Julien a aperçu par la fenêtre ovale des portes battantes?

À moins que, sans le dire à qui que ce soit, il ait lui-même choisi de vivre sous un autre nom? De toute manière, ce mystérieux Wan Peng doit être averti que, à l'extérieur, des amis ont besoin de lui. Et puis, le crapaud n'a-t-il pas juré que ce message aurait un pouvoir magique sur lui?

Le seul moyen d'en avoir le coeur net, ce serait de pénétrer dans la cuisine.

En vérité, Julien se doutait que la lettre n'atteindrait jamais son destinataire. Il est heureux d'avoir confectionné sa pancarte. C'est elle qui livrera son message. Il lui suffit maintenant de trouver comment la brandir dans une fenêtre de la cuisine.

En s'engageant dans la rue, le garçon aperçoit une bande de jeunes Chinois à bicyclette. Ils sont neuf adolescents, vêtus de t-shirts du Cirque de la Lune, qui tournent en rond devant sa porte. Ils forment un cercle parfait.

Dès qu'il se pointe, le groupe se disperse et disparaît au coin de la rue. Est-ce une simple coïncidence? S'ils l'attendaient, pourquoi s'enfuir?

«Julien, se dit-il, ton imagination est trop fertile. Tu vois des Chinois partout.»

Une fois dans la maison, le garçon attrape sa pancarte. Il souhaite que les caractères qu'il y a tracés soient bien visibles.

Pour ne pas être reconnu, il endosse un vieux gilet des Lions de Saint-Bertrand et prend le casque de hockey que Stéphane lui a donné qu'il cale sous son bras. Ainsi, il aura l'air d'un jeune qui va pratiquer son sport préféré. Au moment opportun, grâce à la visière, on ne pourra pas l'identifier.

Lorsqu'il sort, ce ne sont pas les quolibets d'Einstein qui ébranlent l'aventurier. Il est plutôt préoccupé par le groupe de cyclistes de tout à l'heure. Il pourrait jurer qu'ils n'attendaient que sa sortie pour s'éclipser dans une rue transversale. Deux fois, c'est plus qu'une coïncidence.

Nerveux, il emprunte le chemin du Lotus de Shanghaï.

Lorsqu'il débouche dans la ruelle parallèle à la rue des Vents, il met le casque avec visière et repère aisément l'arrière du restaurant. Il se laisse diriger par l'arôme qui se dégage du bâtiment.

Ça sent bon. Et pas seulement le poulet du général Tao. S'entremêlent également les odeurs du boeuf à la Hunan, des nouilles à la pékinoise, des crevettes à la séchuannaise sur un lit d'épinards et d'autres plats tout aussi savoureux.

Le gros ventilateur vrombit. La porte arrière est fermée et les fenêtres placardées. Aucun curieux ne peut voir la cuisine. Seule la toute dernière rangée de fenêtres n'est pas recouverte, celle que personne ne peut rejoindre. Pour l'atteindre, une échelle serait nécessaire.

Mais, contrairement aux poubelles, les échelles ne courent pas les ruelles.

Comment plaquer sa pancarte dans une de ces vitres? Certainement pas avec l'aide de ce caniche qui, dans la fenêtre d'un appartement voisin, n'arrête pas d'aboyer.

Alors, Julien décide de retenter le coup de la pyramide. Les poubelles ne manquent pas. L'escalade est laborieuse et le garçon n'est pas le roi des équilibristes. Et ce chien qui glapit doit le prendre pour un Martien.

Enfin, sa maîtresse apparaît, la tête pleine de bigoudis, le nez d'un oiseau de proie. Restera-t-elle longtemps à observer ses étranges agissements? Elle n'applaudit pas quand Julien dégringole. À son deuxième essai infructueux, elle disparaît.

Alors qu'il se demande s'il succombera au découragement ou à une blessure plus grave arrive la bande des cyclistes asiatiques. Julien ne les a pas vus approcher. Ils l'entourent, sourire aux lèvres.

— Nous allons t'aider, dit celui qui semble le chef. Je m'appelle Lu Hon-Fi.

Malgré l'incongruité de la situation, ces garçons n'oublient pas la politesse. À tour

de rôle, ils se présentent. Puis, chacun range son vélo le long du mur.

Pendant que la bicyclette de Hon-Fi décrit un cercle, ils grimpent les uns sur les autres, formant une pyramide humaine. Il ne manque qu'un joueur, celui qui doit se tenir au sommet. Julien, ébahi, comprend qu'il ne reste qu'un candidat pour ce rôle: lui.

Il a l'impression d'entendre la musique d'un cirque. Il est le héros d'un numéro magnifique, époustouflant. Sa pancarte en main, il accepte l'invitation qu'on lui fait. Il n'a pas sitôt approché ce vélo qu'il est agrippé par le collet et habilement projeté d'une paire de bras à l'autre, jusqu'au niveau des fenêtres.

La bicyclette s'approche du mur, le frôle. Julien jette un oeil dans la cuisine. Trois cuisiniers s'affairent autour du gril. Dans les woks rebondissent des légumes coupés, des morceaux de poulet, de porc, de boeuf ou des crevettes.

La pyramide se maintient dangereusement près du mur. Julien frappe à la fenêtre. Trop faiblement. On ne l'entend pas. Les bruits de friture, mêlés aux vrombissements du ventilateur, recouvrent complètement ses coups.

Pour cogner plus fort, il utilise sa pancarte. Une fois, deux fois, trois fois. Et vlan! la vitre vole en éclats. Les yeux des trois cuisiniers se lèvent vers cet intrus à la tête coiffée d'un casque de hockey.

Constatant que le carton de son message est déchiqueté, Julien crie:

— Wan Peng... les aiguilles...

Sa voix se perd.

Soudain, sans qu'on l'ait prévenu, il est entraîné plus loin. Encore une fois, il est trimballé de l'un à l'autre des acrobates jusqu'à ce qu'il atterrisse sans mal au milieu de la ruelle. Il était si près du but. Que se passe-t-il?

Une voiture de police vient de faire son apparition au bout de la ruelle.

Chacun de ses complices récupère sa bicyclette.

— Monte, lui commande Lu Hon-Fi.

Sans hésiter, Julien s'agrippe au vélo du chef. Du coin de l'oeil, il revoit la dame aux bigoudis. À sa fenêtre, elle cajole son caniche. Pas de doute, c'est elle qui a alerté les policiers.

Le serveur-propriétaire du restaurant sort dans la ruelle. L'autopatrouille s'approche en tentant d'éviter les poubelles éparpillées.

La poursuite commence. Si une voiture de police est plus rapide qu'une bicyclette, un vélo s'avère plus facile à manier. Et comment rattraper une bande de jeunes qui optent pour des routes différentes et qui empruntent des artères en sens inverse?

D'autant plus que Julien, tel un ballon de rugby, bondit d'un vélo à l'autre. Bientôt, les policiers abandonnent la course et Julien, excité, se rend compte que la bande se reforme dans une ruelle qu'il reconnaît. On le dépose devant la clôture derrière laquelle s'abrite le crapaud géant.

Chapitre VII
Peau de crapaud et chair de poule

Lu Hon-Fi sourit et invite Julien à pousser la porte. La cour est vide.

— Entre dans la maison, lui souffle Hon-Fi.

— Mais...

— On t'attend.

Le cycliste n'explique rien de plus. Comme ses compagnons, il enfourche son vélo et repart à toute vitesse.

Julien hésite. Il avance doucement entre les hautes plantes. Il perçoit de nouveaux gémissements. Ces plaintes proviennent encore de la pièce dont les volets restent fermés. Puis les voix consolantes se font entendre. Les voix emmêlées d'un vieillard et d'une jeune fille modulent une chanson incompréhensible.

Suivant les conseils de Lu Hon-Fi, Julien gratte à la porte de la maison. Personne ne vient. Il décide d'ouvrir.

En pénétrant dans la cuisine, il apprend que le crapaud géant n'en est pas un vrai. La preuve? Une immense peau de crapaud repose par terre. Elle contient tout l'attirail permettant à la personne qui s'en recouvre d'imiter les gestes naturels des batraciens.

Julien se glisse dans un couloir. L'oreille tendue, il suit l'appel de ces plaintes qui se multiplient désespérément. La première porte est entrouverte. La chambre baigne dans la pénombre. Seuls quelques rayons de soleil s'infiltrent entre les lattes des volets.

Près de la fenêtre, une jeune Chinoise est étendue dans un lit. De sa peau phosphorescente émane une étrange lumière.

À son chevet, un vieux Chinois au visage chiffonné. Il fixe intensément la malade comme s'il espérait que l'intensité de son regard l'aide à demeurer vivante. La voix rauque et vacillante est la sienne.

Près du lit se tient une autre jeune fille. Julien, dont les yeux s'habituent à l'obscurité, constate qu'elle ressemble en tout point à la petite malade. Le garçon a la chair de poule. Il a l'impression d'assister à un jeu de miroir. Comme si une vivante

veillait sur elle-même en train d'agoniser. Les plaintes de la malade cessent au fur et à mesure qu'elle s'endort.

Intimidé, Julien ose encore quelques pas. La jeune Asiatique tourne la tête, puis s'approche de lui et souffle:

— Elle s'appelle Gao Lili. C'est ma soeur. Moi, je suis Gao Lianne.

— Et moi...

— Je connais ton nom, Julien. Je sais qu'on t'appelle aussi le roi de rien.

La frêle jeune fille esquisse un sourire, sa voix se transforme et devient aussi rauque que celle de...

— Je suis le crapaud.

— Ah! fait Julien, abasourdi.

Les questions se bousculent dans sa tête. Gao Lianne, comme si elle lisait dans ses pensées, lui murmure:

— Je t'expliquerai tout.

— Je le souhaite. Je nage en plein mystère.

— Nous aussi, nous nageons en plein mystère. Mais nous savons néanmoins des choses qui nous attristent et nous incitent à croire que la maladie de Lili s'aggrave d'heure en heure. Elle souffre de la fièvre du Mékong.

D'un mouvement de tête, elle désigne le vieillard.

— Wu Vladimir a la certitude que, si elle n'est pas soignée rapidement, elle risque de devenir complètement paralysée. Dans plusieurs cas, les effets de cette fièvre sont irréversibles.

Sans quitter la malade des yeux, le vieux Chinois parle lentement.

— La fièvre du Mékong s'appelle également maladie de la pierre. Elle métamorphose ceux qui en sont atteints en une statue rigide. En quelques jours seulement, les muscles de la victime perdent toute élasticité. Elle peut devenir aussi dure qu'une statue de marbre.

— Pourquoi ne la faites-vous pas transporter à l'hôpital? demande le garçon.

— Cette maladie rare est totalement inconnue ici, poursuit Lianne. Votre médecine est impuissante à la soigner. C'est pour cette raison que nous avons absolument besoin de Wan Peng.

— Il est médecin?

— En quelque sorte, répond la jeune fille. Il connaît le secret des aiguilles. En Chine, il était un maître de l'acupuncture.

Le garçon secoue la tête tristement.

— Il est introuvable à l'adresse que vous m'avez fournie. Et puis qu'est-ce qu'un acupuncteur irait faire dans un restaurant?

Le vieillard intervient:

— Wan Peng était un des plus grands acupuncteurs de Pékin. L'an dernier, il a dû quitter clandestinement la Chine pour des raisons politiques.

— C'est un cousin de Vladimir, enchaîne Lianne. C'est par une lettre de son père que nous avons appris où il était.

— Si c'était une clinique, rétorque Julien, je comprendrais.

— Le mystère est aussi profond pour nous, poursuit Gao Lianne. Nous ignorons pourquoi Wan Peng ne se montre pas. Et surtout pourquoi il ne veut plus pratiquer sa science. Nous supposons qu'il se fait passer pour un autre. Chose certaine, au Lotus de Shanghaï, on le cache. C'est pour cette raison que nous avons fait appel à toi. D'abord, tu es un Occidental. Et puis, tu es un enfant.

Gao Lili qui, depuis de longues minutes, semblait plongée dans un sommeil réparateur, reprend ses gémissements. Doucement, sa soeur entraîne Julien à l'extérieur de la chambre, puis dans la cuisine.

Les plaintes de la malade redoublent d'intensité.

— Elle a un cauchemar? s'inquiète Julien.

— La fièvre s'intensifie, souffle Lianne en se mordant les lèvres. Tu connais le Cirque de la Lune?

La question ne surprend nullement Julien.

— Tout le monde connaît le Cirque de la Lune. Mes amis avaient des billets pour le spectacle qui a été remis.

En prononçant ces mots, le garçon devine le problème.

— Il a été reporté parce que Lili est malade?

Lianne hoche la tête.

— Exactement. Les cyclistes de la bande de Lu Hon-Fi font également partie de la troupe. Nous les avons priés de t'aider discrètement. Ma soeur et moi, nous exécutons un numéro de contorsionnistes. En fait, nous apparaissons sous la forme d'un crapaud géant. Peu à peu, au cours de notre numéro, nous nous transformons en deux jeunes filles qui tentent d'imiter les actions humaines. Cela nous permet d'exécuter plusieurs acrobaties avant d'atteindre une démarche normale.

Le visage de Gao Lianne s'assombrit.

— Si ma soeur ne recouvre pas la santé, elle ne pourra plus bouger. Et son coeur sera pris dans l'étau de son corps de pierre.

— Et vous ne pourrez plus donner votre spectacle, murmure Julien.

— Parfaitement. Et c'est ce que Lili aime le plus au monde.

— Qu'est-ce que je peux faire pour vous aider à retrouver Wan Peng?

— Tu as fait tout ce que tu pouvais. Si je t'ai confié cette mission sous la forme du crapaud, c'est que je voulais t'éviter de connaître cette maladie qui n'a rien de spectaculaire. Comme tu nous as aidés du mieux que tu as pu, nous croyions légitime de t'en donner les raisons.

Lianne se raidit.

— Nous avons décidé d'enlever Wan Peng. Ce soir, la bande de Lu Hon-Fi l'attendra après la fermeture du Lotus de Shanghaï. Et les garçons l'amèneront ici. De force, s'il le faut.

— Mais la police les recherche déjà, souligne Julien. Ils ont été vus avec moi.

— Ces acrobates ont plus d'un tour dans leur sac. Quand il faudra nous expliquer avec les hommes de loi, nous le ferons. Nous souhaitons seulement que Wan Peng acceptera de collaborer. Un acupuncteur ne doit jamais refuser de soigner une personne qui souffre.

Julien ne réfléchit pas longtemps. Une lueur illumine son regard.

— J'ai une idée! s'écrie-t-il. Si ce que vous dites est vrai, Wan Peng sera ici, ce soir même.

— Comment feras-tu?

— En lui jouant la comédie, poursuit le garçon qui échafaude un plan diabolique.

— La comédie?

— J'imagine un rôle sans costume de crapaud, insinue-t-il en souriant. Ça, je vous le laisse.

Chapitre VIII
La comédie des Roy

— Aller manger du chinois?

Jean-Claude Roy salive déjà.

— Ti-pépère! Si le poulet du général Tao est aussi délicieux que vous l'affirmez tous, je suis prêt.

— Garde à vous, général Tao! ajoute Einstein.

Le père de Julien, grand amateur de mets chinois, ne veut évidemment pas rater cette occasion. D'autant plus qu'il a oublié d'acheter les truites qu'il voulait préparer pour le souper.

— Tu viens, Catherine? s'informe-t-il.

— Sûr! Le temps de me refaire une beauté, répond la fille en prenant son sac à maquillage.

— Un instant! dit Julien en rattrapant sa soeur. Auparavant, j'ai une histoire à vous raconter.

— Une blague? s'étonne Jean-Claude.

— C'est une histoire qui a l'allure d'un conte. Le malheur, c'est qu'elle est vraie. Elle a commencé quand j'ai rencontré un crapaud...

— Yark! grimace Catherine. Tu ne trouves pas les crapauds dégoûtants, toi?

Posément, Julien Roy résume les étranges péripéties de l'aventure qu'il a vécue depuis la veille.

— Le Lotus de Shanghaï est un restaurant très bizarre, commente Jean-Claude.

En pensant à la jeune malade, Catherine est émue:

— Comment veux-tu qu'on aille manger, mon frère? Tu m'as coupé l'appétit.

— Tu n'auras pas besoin de manger si tu n'as pas faim. Mais j'ai besoin de toi, Catherine, pour réaliser mon plan.

— De moi?

— Oui. Tu veux devenir une grande actrice, n'est-ce pas? C'est l'occasion de le prouver.

* * *

Il est dix-sept heures quinze quand Jean-Claude, Catherine et Julien Roy entrent dans le Lotus de Shanghaï. Le restaurant est désert. Les clients du soir ne s'amènent habituellement qu'à partir de dix-sept heures trente.

Le patron reconnaît Julien et se dirige vers eux. Même s'il ignore qu'il a devant lui le garçon qui a brisé la vitre de la cuisine, sa venue ne l'enchante pas.

— Bonjour, dit-il avec un sourire forcé.

Tournant la tête vers Julien, il poursuit:

— Le garçon d'hier! Cherches-tu toujours Wan Peng? À moins que ce ne soit quelqu'un d'autre?

— Moi, réplique Jean-Claude avec un sourire beaucoup plus franc, je veux absolument connaître le général Tao. Mon fils a été enchanté par le régal que vous lui avez offert. Toute la famille a goûté le merveilleux poulet, sauf moi.

Un tel enthousiasme surprend le patron qui bredouille:

— C'est mon chef qui a eu l'idée de...

— Avertissez-le que nous sommes trois affamés, insiste Jean-Claude Roy.

En prenant place à la petite table que le serveur ventru leur désigne, Julien aperçoit la figure du cuisinier chinois par la petite fenêtre ovale. En reconnaissant le garçon, l'homme s'éclipse encore.

Le repas se déroule de la façon la plus normale qui soit. Le potage pékinois s'avère délicieux. Catherine le trouve juste un peu trop pimenté.

— Il faut des piments dans la vie, argumente son père.

Ils avalent ensuite des rouleaux maison qu'ils enroulent dans des feuilles de menthe et de laitue. Comme plat principal, ils ne peuvent pas négliger le poulet du général Tao.

Pendant qu'ils mangent, le restaurant se remplit peu à peu.

— Du thé? propose le serveur en desservant la table.

Jean-Claude acquiesce.

— Et comme dessert, apportez-nous des petits biscuits chinois.

— J'aime beaucoup les biscuits chinois, souligne Julien avec un sourire énigmatique.

L'homme revient avec la théière fumante et les biscuits. Il s'applique à verser le liquide dans les petites tasses.

Soudain, Catherine se tient le ventre.

Le serveur la regarde, inquiet.

— Mademoiselle, bafouille-t-il.

Il n'a pas le loisir d'en dire davantage. Les mains de Catherine se cramponnent à son estomac. Elle se tord.

— Ahhh! gémit-elle en pâlissant.

Jean-Claude bondit de son siège.

— Catherine, qu'est-ce que tu as? crie-t-il nerveusement.

Tous les clients se tournent vers leur table, les baguettes en l'air. Julien s'énerve à son tour.

— Ma soeur est malade.

Le patron tente de soutenir la malade.

— S'il vous plaît, ne bougez pas.

Catherine ne l'écoute pas. Elle s'écroule par terre en entraînant la nappe, la théière, les tasses. Elle réussit même à renverser sa chaise pour faire plus de fracas.

— Y a-t-il un médecin ici? s'informe Jean-Claude en succombant à la panique.

— Un médecin! reprend le patron. Y a-t-il un médecin dans la salle?

Cette phrase a un pouvoir magique. Les portes battantes de la cuisine s'ouvrent. Julien reconnaît le Chinois dont le visage est apparu dans la fenêtre ovale. Il se précipite vers leur table. Il est dans la trentaine, porte un tablier et a un couteau à la main.

En apercevant le couteau, Catherine imagine le pire. Elle se met à crier. Cette fois, elle ne joue pas un rôle. Elle est terrorisée.

— Je suis médecin, je suis médecin, répète le cuisinier en français.

— Dans ce cas, laissez tomber votre arme, ordonne Jean-Claude en s'apprêtant à défendre sa fille.

Le nouveau venu demeure interdit.

— Mais je... je coupais des légumes.

Dans la panique générale, Julien a tout juste le temps de lui murmurer à l'oreille:

— Les aiguilles doivent revivre et redonner vie.

L'homme sourcille, regarde le gamin.

— Qui t'a dit cela?

— Un crapaud, répond Julien avec aplomb. Je dois vous conduire jusqu'à lui. C'est urgent.

Chapitre IX
La magie des aiguilles

Parmi toutes les personnes présentes au Lotus de Shanghaï, celle qui accuse la plus grande surprise est le patron. Comme ses clients, il assiste à la transformation de son employé. Cet homme qui, pour lui, s'appelle Zhang Xiao Shu se redresse:

— Patron, s'il vous plaît, permettez-moi de suivre ce petit.

— Mais Xiao Shu... commence le propriétaire, décontenancé.

— Je ne m'appelle pas Zhang Xiao Shu, je suis Wan Peng.

— Et une jeune malade réclame les soins d'un acupuncteur de toute urgence, plaide Julien.

— Un acupuncteur? répète le patron, toujours abasourdi.

Wan Peng dénoue son tablier.

— Il faut arrêter chez moi, chercher les aiguilles...

Le propriétaire n'hésite pas:

— Sautons dans ma voiture. Je t'accompagne, Xiao... je veux dire, Peng. Et ce garçon va nous guider vers la malade.

Jean-Claude se permet de le rassurer:

— Ne vous inquiétez pas, patron. Catherine va faire le service. Et moi, je remplace votre cuisinier.

Les clients, toujours témoins attentifs de la suite des événements, se mettent à applaudir. Avec Jean-Claude Roy dans la cuisine, ils ne savent pas dans quelle aventure gastronomique ils s'engagent.

* * *

Le propriétaire du Lotus de Shanghaï conduit une petite voiture japonaise. Il brûle un feu rouge et fonce dans un sens unique. Il n'arrive pas à se remettre de ses émotions. Pourquoi cet homme ne lui a-t-il jamais révélé qu'il pratiquait l'acupuncture?

L'année précédente, il a engagé ce Zhang Xiao Shu, lors de son arrivée au pays, en qualité de simple laveur de vaisselle. Son protégé a rapidement démontré ses talents de cuisinier. Il a même ajouté des recettes nouvelles au menu du restaurant.

Le patron ne comprend pas. Cuisinier, ce n'est pas un mauvais métier, loin de là. Mais quand même, couper des oignons et des bouts de carottes, alors que l'on connaît le secret des aiguilles qui guérissent!

Ah! il saura bien questionner Zhang... euh... Wan Peng. Pour le moment, il laisse Julien répondre aux questions de Peng.

Le garçon explique la situation. Dès qu'il évoque les gémissements, la rigidité et la luminosité de Gao Lili, l'acupuncteur hoche la tête.

— La fièvre du Mékong.

— C'est ça, poursuit Julien. Lili va devenir dure comme la pierre.

Wan Peng prononce une longue phrase en chinois que le patron traduit en tâchant de maîtriser sa voiture.

— Peng t'assure que tu as eu raison d'utiliser les grands moyens pour l'avertir. Quand une vie humaine est en danger, il faut réagir. Surtout que, si les symptômes que tu as constatés sont aussi importants, il doit intervenir dans les plus brefs délais.

Comme s'il révisait une leçon, l'homme murmure des bribes de phrases absolument incompréhensibles pour Julien... et pour le conducteur qui traduit encore:

— Je vais piquer le point... puis stimuler le méridien... les aiguilles d'or... le yin... le yang...

Une heure plus tard, le patron du Lotus de Shanghaï et Julien attendent dans la cuisine du logement qu'habitent Lili, Lianne et le vieillard.

Lianne leur sert du thé au jasmin.

— C'est difficile le travail de contorsionniste? lui demande Julien.

— Une question d'entraînement et de souplesse des articulations. Et puis Lili et moi, nous avons commencé à nous exercer quand nous étions toutes petites.

Le patron, que le thé a calmé, encourage la jeune fille.

— Votre soeur guérira.

— Maintenant que Wan Peng la soigne, je n'en doute plus.

— Je souhaite que vous puissiez refaire votre numéro, murmure Julien.

— Dès la semaine prochaine. Après deux autres traitements et... repos.

Wan Peng, sourire aux lèvres, vient se faire servir une tasse de thé.

— Tu as trouvé le remède, Xiao... euh... doc? questionne le patron qui redevient nerveux.

— Le remède était à l'intérieur d'elle. Il suffisait de stimuler des points... activer certains méridiens. Je peux dessiner un diagramme.

— Oh non, doc, s'oppose le restaurateur. Tes recettes de cuisine, je les ai comprises du premier coup. Mais pour moi, l'acupuncture a toujours été du... congolais.

* * *

Exténué, Jean-Claude Roy pousse les portes battantes de la cuisine. Il se dirige vers Julien qui l'attend en compagnie de Catherine, de Wan Peng, de la jeune hôtesse et du patron ventru. Le Lotus de Shanghaï est fermé. Le personnel s'apprête à manger.

— Ti-pépère qu'il fait chaud dans la cuisine d'un restaurant, déclare Jean-Claude en s'épongeant le front de son tablier.

Il serre la main de Wan Peng auquel il n'avait pas eu l'occasion de se présenter officiellement.

— Monsieur Wan Peng, je suis Jean-Claude Roy, père de Catherine et de Julien, et représentant des ordinateurs Orange.

Wan Peng s'incline humblement.

— Honoré, monsieur Roy. Vous avez un fils très courageux et tenace... et votre fille est une fameuse comédienne.

— Moi, je suis enchanté de ma soirée dans la cuisine. J'y ai appris une chose très intéressante: la recette de votre fameux poulet du général Tao. Je l'ai ratée à trois reprises, mais la prochaine fois...

Le patron jette un oeil inquiet en direction de son hôtesse.

— Ne vous en faites pas, le rassure-t-elle, monsieur Roy a reçu l'aide de nos deux aides-cuisiniers.

Catherine serre à son tour la main de Wan Peng.

— En tout cas, vous exercez des métiers qui ne manquent pas de piquant.

Votre poulet du général Tao est très pimenté et l'acupuncture...

— C'est la magie des aiguilles, complète Julien.

— Justement, enchaîne le patron, j'aimerais savoir pourquoi tu as gardé ton secret aussi longtemps. Moi, je croyais que tu étais un réfugié politique et que, pour cette raison, tu ne voulais pas dévoiler ta véritable identité. Parce que j'ai bien senti, depuis quelques jours, que tu te défilais quand des gens cherchaient Wan Peng.

L'acupuncteur devient grave.

— Je suis un réfugié politique, patron. Je tentais d'éloigner ceux qui auraient pu me trouver.

— En glissant des messages dans les biscuits? demande Julien.

— Exactement, répond-il en rougissant. Mais il y a autre chose. Vous m'avez accueilli ici avec chaleur. Vous m'avez offert mon premier emploi. Et puis vous m'avez appris les rudiments du français. Je ne voulais pas paraître ingrat à celui qui m'a sauvé la vie en me faisant travailler. La gratitude demeure une valeur importante pour moi. C'est pourquoi je vous remercie encore.

— Tu étais un fameux chef, Xiao Shu... je veux dire, doc.

— Je vais le demeurer.

Là-dessus, les deux Chinois se donnent l'accolade.

— Est-ce pour cela aussi que vous avez demandé à Lianne de ne pas raconter que vous avez guéri Lili? demande Julien.

Wan Peng acquiesce:

— Les plus grands succès sont ceux que l'on réalise humblement. Et les victoires acquises avec humilité restent les plus satisfaisantes.

Chapitre X
Le copain du crapaud

Dans les estrades, Philippe Dubuc s'est assis entre les jumeaux Bienvenue. Ainsi, il peut se servir de maïs soufflé dans le gobelet de Patrick. Quand il en a assez, il se sucre le bec en arrachant des morceaux de la barbe à papa d'Éric.

Philippe rêve de ce spectacle du Cirque de la Lune depuis deux semaines. Il a tellement travaillé pour payer son billet. Un excellent billet! Il est dans la troisième rangée. Là, il a la certitude de ne rien manquer.

Il attend impatiemment le jongleur extraordinaire, le couple de clowns drôles à s'en donner mal au ventre et les trapézistes absolument audacieux. Mais il a surtout hâte de voir les cyclistes chinois. On lui a répété qu'ils réussissaient à monter à neuf sur un seul vélo. Et là, ils se permettaient encore toutes sortes de tours invraisemblables.

— Mais le clou du spectacle, vous savez ce que c'est? insiste-t-il auprès des jumeaux Bienvenue.

Ces derniers secouent la tête d'un commun accord. Ils savent que Philippe veut encore leur savonner les oreilles avec le numéro du crapaud géant qui se métamorphose en jeunes filles.

— Et vous savez qu'elles logent juste à côté de chez moi, poursuit-il.

Mais Philippe n'a pas le temps d'en dire davantage. Tout à coup, il aperçoit Julien Roy. Lui qui n'avait pas pu se procurer des billets.

— Qu'est-ce qu'il fait là?

Philippe est d'autant plus étonné qu'il constate que Julien descend plus près de la piste que lui. Non, il ne rêve pas: le roi de rien s'installe sur une petite chaise spéciale au bout de la toute première rangée.

— Eh, Julien! hurle le costaud piqué par la petite mouche de la jalousie. Comment as-tu fait pour obtenir une aussi bonne place?

Julien se retourne, lève le pouce.

— C'est que je suis assez copain avec un crapaud.

Un crapaud? Philippe éclate de rire. Éric et Patrick Bienvenue l'imitent.

Julien Roy en invente des bonnes, parfois. Copain avec un crapaud!

Ainsi, Philippe Dubuc et les jumeaux Bienvenue ne sauront jamais que leur Julien Roy est un peu responsable de la bonne marche de ce spectacle. Lorsqu'on réussit un exploit extraordinaire, on n'a pas besoin de s'en vanter devant tout le monde. C'est ce que pense Julien, le roi de rien.

Table des matières

Achevé d'imprimer
sur les presses de Litho Acme inc.